MINISTÈRE
DE L'INSTRUCTION PUBLIQUE, DES CULTES ET DES BEAUX-ARTS.

DIRECTION DES SCIENCES ET DES LETTRES.

BÂTIMENTS
DE LA BIBLIOTHÈQUE NATIONALE.

RAPPORT
DE M. BARTHÉLEMY SAINT-HILAIRE,

MEMBRE DE L'INSTITUT, SÉNATEUR.

PARIS.
IMPRIMERIE NATIONALE.

M DCCC LXXIX.

BÀTIMENTS

DE LA BIBLIOTHÈQUE NATIONALE.

MINISTÈRE

DE L'INSTRUCTION PUBLIQUE, DES CULTES ET DES BEAUX-ARTS.

DIRECTION DES SCIENCES ET DES LETTRES.

BÂTIMENTS

DE LA BIBLIOTHÈQUE NATIONALE.

RAPPORT

DE M. BARTHÉLEMY SAINT-HILAIRE,

MEMBRE DE L'INSTITUT, SÉNATEUR.

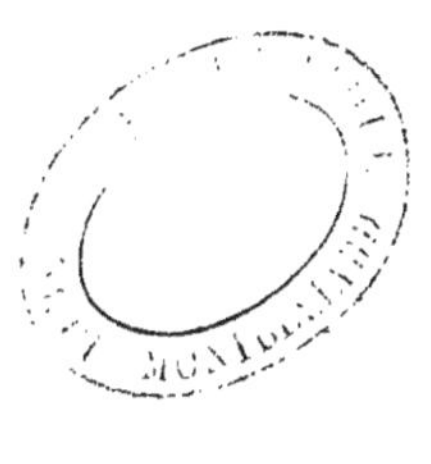

PARIS.

IMPRIMERIE NATIONALE.

M DCCC LXXIX.

RAPPORT DE LA COMMISSION[1]

INSTITUÉE

PRÈS DU MINISTÈRE DE L'INSTRUCTION PUBLIQUE, DES CULTES ET DES BEAUX-ARTS,

POUR EXAMINER LA QUESTION DE L'ACHAT

DES IMMEUBLES

ATTENANT À LA BIBLIOTHÈQUE NATIONALE.

(ARRÊTÉ DU 8 MARS 1878.)

Monsieur le Ministre,

Nous répondons à la confiance que vous avez bien voulu nous té-
moigner, en vous adressant le plus promptement possible notre rapport
sur l'achat des immeubles attenant à la Bibliothèque nationale. Par la

---

[1] Cette Commission se compose de :

MM. Barthélemy Saint-Hilaire, membre du Sénat, *président*;
    Audren de Kerdrel, membre du Sénat;
    Henri Martin, membre du Sénat;
    Lockroy, membre de la Chambre des députés;
    Tirard, membre de la Chambre des députés;
    Accoc, conseiller d'État;
    Bailly, membre de l'Institut;
    Duc, membre de l'Institut;
    Léopold Delisle, administrateur général de la Bibliothèque nationale;
    Delaborde, conservateur de la Bibliothèque nationale;
    Langlois de Neuville, directeur des bâtiments civils;
    De Watteville, directeur des sciences et des lettres;
    Pascal, architecte de la Bibliothèque nationale;
    Crocet, inspecteur des Domaines;
    J. Collin, chef de bureau des bibliothèques, *secrétaire*;
    Mortreuil, secrétaire de la Bibliothèque nationale, *secrétaire adjoint*.

nature même de la question que nous avions à résoudre, notre travail a pu être rapide sans être moins approfondi, grâce à tous les renseignements si complets que nous ont fournis M. l'administrateur général et M. l'architecte. Quand on a devant soi l'évidence et la nécessité, on ne les discute pas; on n'a qu'à les constater et à s'y soumettre. Dans une visite que vous avez faite, l'année dernière, à la Bibliothèque, en qualité de rapporteur de la commission du budget, vous avez pu vous former une conviction personnelle; la nôtre s'est formée par le même moyen, et une visite récente nous a convaincus à notre tour aussi fermement que vous l'aviez été vous-même.

« 1° La Bibliothèque nationale est menacée sans cesse d'incendie « par les immeubles qui y sont contigus, puisqu'elle ne peut exercer « dans ces immeubles la surveillance qui préviendrait ce danger per-« pétuel.

« 2° En second lieu, les locaux actuels de la Bibliothèque sont de-« venus absolument insuffisants; on ne peut plus différer de les agran-« dir, si l'on veut que ce magnifique établissement puisse continuer à « rendre les services que le public est en droit d'en attendre. »

Qu'on juge du péril de l'incendie! Quatre immeubles occupant les numéros, 3, 5, 7 et 9 de la rue Vivienne et faisant retour sur la rue Colbert, tous appuyés à la Bibliothèque, se composent de très-vieilles maisons, qui sont aujourd'hui vermoulues. Elles sont occupées, entre autres locataires, par un marchand de vins, un cafetier, un marchand d'huiles minérales, un charbonnier, un pharmacien, un photographe, un hôtel, un bazar et beaucoup de chambres meublées. Le reste des industries établies à divers étages sont assez inoffensives; mais celles qu'on vient de citer exigent presque toutes l'emploi de feux qui ne s'éteignent pour ainsi dire jamais, ou elles manipulent les matières les plus combustibles. Ces constructions délabrées sont sillonnées de tuyaux de cheminées, où le feu a déjà pris souvent et où il peut toujours prendre d'un moment à l'autre. L'hôtel meublé, rue Vivienne, n° 3, n'est pas même séparé de la Bibliothèque par un mur de moellons; c'est un simple pan de bois, qu'un sondage peu ancien a fait découvrir; si l'on appli-

que la main sur cette mince cloison, on peut y sentir la chaleur du feu
des cuisines. Les murs mitoyens sont tellement caducs qu'ils s'écroule-
raient de fond en comble si l'on y adossait un escalier dont l'entrée de
la Bibliothèque a le plus urgent besoin, et auquel on a dû, pour ce
seul motif, renoncer jusqu'à nouvel ordre. Si par malheur le feu venait à faire explosion dans un de ces immeubles redoutables, il se
communiquerait en un instant aux combles de la Bibliothèque, qui, de
ce côté, sont tout en charpentes.

La perte que causerait un tel accident, toujours possible et toujours imminent, est de tous points incalculable. On tenterait vainement
par les expressions les plus fortes d'en mesurer l'étendue. Aussi nous
bornerons-nous à rappeler quelques faits qui nous permettront d'ima-
giner, au moins en partie, quelle serait l'immensité de ce désastre,
s'il venait à se produire.

Notre dépôt d'imprimés, dont les origines se confondent avec celles
de l'imprimerie elle-même, est devenu, de progrès en progrès, le plus
vaste du monde entier. De 150,000 volumes en 1791, il est aujourd'hui de 2,000,000. Vers la fin du siècle et sans que la progres-
sion s'accélère, le nombre des volumes s'élèvera à plus de 3,000,000.
En 1875, il est entré par la voie du dépôt légal 29,500 articles;
en 1876, 35,300, et en 1877, 37,800. On peut évaluer à 50,000
environ la totalité des articles entrant chaque année, soit par le dépôt
légal, soit par le dépôt international, soit par des achats ou des donations. Ce chiffre, déjà bien fort, ne peut que s'accroître.

Chaque jour, des sources nouvelles doivent s'ouvrir. Ainsi, il reste
encore à faire rentrer une foule de documents qui échappent au dépôt
légal. La série des journaux français a pris depuis quelque temps une
extension énorme; mais elle présente néanmoins beaucoup de lacunes,
qui se combleront peu à peu. Les journaux étrangers, qui sont à peine
représentés aujourd'hui, demanderont une place dont on peut se
faire une idée en regardant celle qu'occupe le *Times*, quoique l'exemplaire de ce journal ne remonte qu'à 1841. On peut en dire autant
des publications parlementaires de l'Allemagne, des États-Unis de

l'Amérique du Nord, de l'Italie, qui n'avaient pas été recueillies avant ces dernières années.

On le voit donc, en moins de cent ans, le nombre des imprimés a plus que décuplé. On le conçoit sans peine quand on pense qu'une collection, celle de Labédoyère sur la Révolution, amenait en une unique fois jusqu'à cent mille articles. La collection Beuchot sur Voltaire, celle de Payen sur Montaigne, et d'autres encore, ont été très-riches sans l'être autant; et le flot n'est pas près de s'arrêter.

Mais le nombre des ouvrages n'est rien à côté de leur valeur. Une multitude de livres ne se trouvent plus que dans notre Bibliothèque nationale; partout ailleurs ils ont disparu, et l'on ne saurait se les procurer par les voies ordinaires depuis plus de deux siècles. La partie la plus précieuse des imprimés, qu'on appelle la *réserve*, se compose de 54,000 volumes de choix, qui sont chacun un véritable trésor : incunables, au nombre de plus de 20,000; chefs-d'œuvre d'imprimeurs illustres; impressions sur vélin ou sur papier exceptionnel; reliures historiques, ayant appartenu à de grands personnages, et il y en a au moins 5,000 pour le seul xvi siècle; reliures admirables sous le rapport de l'art; curiosités bibliographiques de tous genres, parmi lesquelles brillent les deux exemplaires de la Bible de Gutenberg, antérieurs à l'année 1457, et dont un exemplaire moins beau que les nôtres a été dernièrement vendu à Londres 80,000 francs; en un mot, la *réserve* réunit tous les monuments essentiels de la typographie, qui en constituent l'histoire et en montrent les origines et les progrès.

Les manuscrits, plus précieux encore que les imprimés, s'il est possible, sont au nombre de 90,000, dans toutes les langues, depuis celles de l'antiquité classique, base de toute éducation libérale, jusqu'aux langues de l'extrême Orient, dont l'étude occupe si passionnément notre siècle. Il y a des milliers de ces manuscrits qui chacun valent dans le commerce, quand par hasard ils s'y rencontrent, plus de 50,000 francs. Cinq mille sont ornés de miniatures, dont quelques-unes sont une partie capitale de l'histoire de la peinture avant le xiv et le xv siècle. Mais comment évaluer en argent des manuscrits comme celui du vᵉ siècle qui contient le meilleur texte connu de la troisième Décade de Tite-Live? Ou le manuscrit unique de Nithard, dans lequel est inséré le serment des fils de Louis le Débonnaire, ce premier monument de notre langue? Ou les autographes, qui sont au nombre de plus de 1,000,000? Comment évaluer notre incomparable cabinet des estampes, où 2,200,000 pièces réunies nous offrent tout ce que la gravure a produit de plus parfait, de plus rare et de plus délicat? Comment évaluer 100,000 médailles, de tous les temps, de tous les pays, dont quelques exemplaires, qui sont uniques, n'ont pas de prix, et dont un seul fut payé, il y a quelques années, la somme de 30,000 francs? Imprimés, manuscrits, médailles, estampes, tout ce merveilleux ensemble représente des centaines de millions ou plutôt des milliards, à ne considérer que ce côté secondaire de la question; richesse prodigieuse que nous ravirait un incendie que notre prévoyance n'aurait pas su éviter, sans parler de ces autres richesses inestimables dont l'esprit humain aurait à déplorer pour jamais l'irréparable perte.

Nous pensons donc, Monsieur le Ministre, comme vous le pensez aussi, que sur ce premier point le doute n'est pas même permis. Il faut acheter sans le moindre retard les immeubles attenant à la Bibliothèque nationale.

Mais si l'imminence d'une effrayante catastrophe peut paraître un motif déjà tout-puissant, nous ne craignons pas d'affirmer qu'il y a pour cette acquisition un motif bien plus puissant encore : c'est l'insuffisance des locaux, insuffisance qui s'accroît sans cesse par la seule force des choses, et que rien ne peut compenser qu'un agrandissement. C'est là une nécessité qui, dès aujourd'hui, est devenue irrésistible. En observant les développements que prend notre Bibliothèque nationale, par le dépôt légal et international, par les donations qui lui sont faites si généreusement, par les acquisitions indispensables, on peut calculer avec précision, en mètres linéaires, en mètres carrés, en mètres cubes, l'espace matériel qu'exige annuellement la réception de tant de documents de toute provenance. En comparant l'espace qu'ils viennent remplir avec celui dont on dispose, il est facile de prédire, en quelque sorte à heure fixe, le moment où le local ne pourra plus rien admettre, comme un vase trop plein laisse échapper le liquide qu'il devrait contenir. A ce moment, qui ne saurait être bien éloigné, comment le service des divers départements de la Bibliothèque nationale pourrait-il continuer ? Ne serait-il pas paralysé dans quelques-uns de ses organes essentiels ? Et, d'autre part, comment comprendre qu'un service public de cet ordre puisse s'arrêter un seul instant, à moins que l'esprit humain lui-même ne s'arrêtât et ne perdît tout à coup sa fécondité inépuisable ?

La surface occupée par la Bibliothèque est restée la même depuis le règne de Louis XV. Si le nombre des imprimés a plus que décuplé depuis cette époque, les autres départements, moins enrichis que celui-là, ont cependant beaucoup grossi ; tous ils ont triplé. On ne saurait s'en étonner quand on se rappelle que les papiers de la famille Joly de Fleury ont à eux seuls fourni au département des manuscrits 3,500 volumes in-folio, et que les papiers de d'Hozier en ont versé presque autant. Pour les estampes, les collections de Bure et de Devéria et la donation Hennin ; pour les médailles, les donations et collections de Luynes, de Janzé, de Saulcy, Oppermann, d'Ailly, jointes à d'autres dons d'amateurs et aux acquisitions courantes, ont demandé une place qu'on ne pouvait leur refuser.

Le local primitif demeurant strictement dans les mêmes limites, il a fallu depuis longtemps recourir à des expédients de plus en plus difficiles pour loger tant de richesses accumulées. Dès 1858, on a dû, avec une rigueur systématique, retirer aux conservateurs les appartements qu'ils occupaient et qui ne leur avaient été concédés que pour le bien du service et dans l'intérêt de la surveillance. Des cours fort utiles à la salubrité de l'établissement ont dû être supprimées et converties en salles, soit pour les livres, soit pour les lecteurs. C'est dans cette vue qu'on reconstruit maintenant un vieux bâtiment sur la rue Colbert, et qu'on va utiliser également une partie de la cour qui donne sur la place Louvois. On s'est appliqué avec le plus d'industrie qu'on a pu à

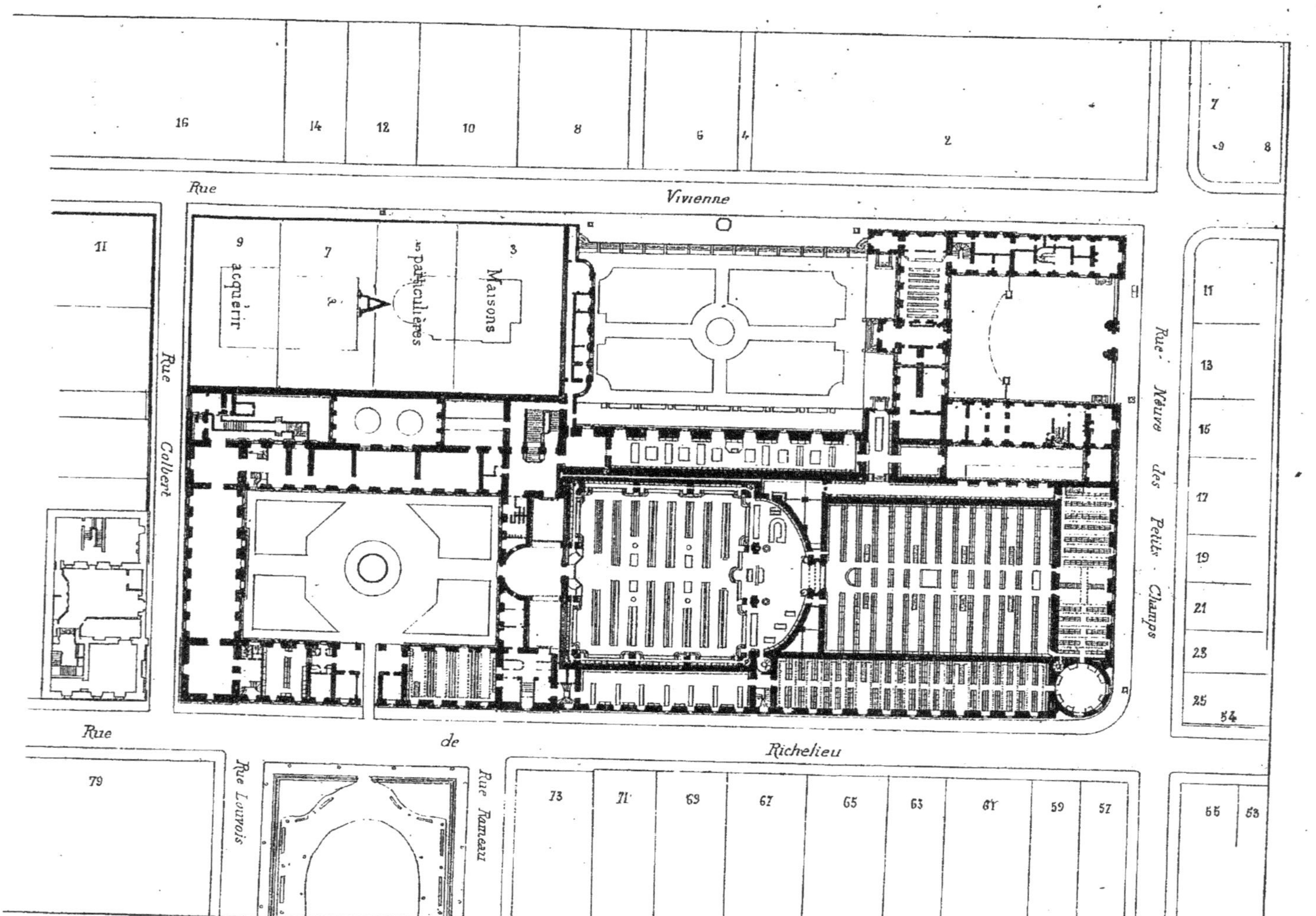

Rue Vivienne
Rue Colbert
Rue de Richelieu
Rue Neuve des Petits Champs
Rue Louvois
Rue Rameau
Maisons particulières A à acquérir

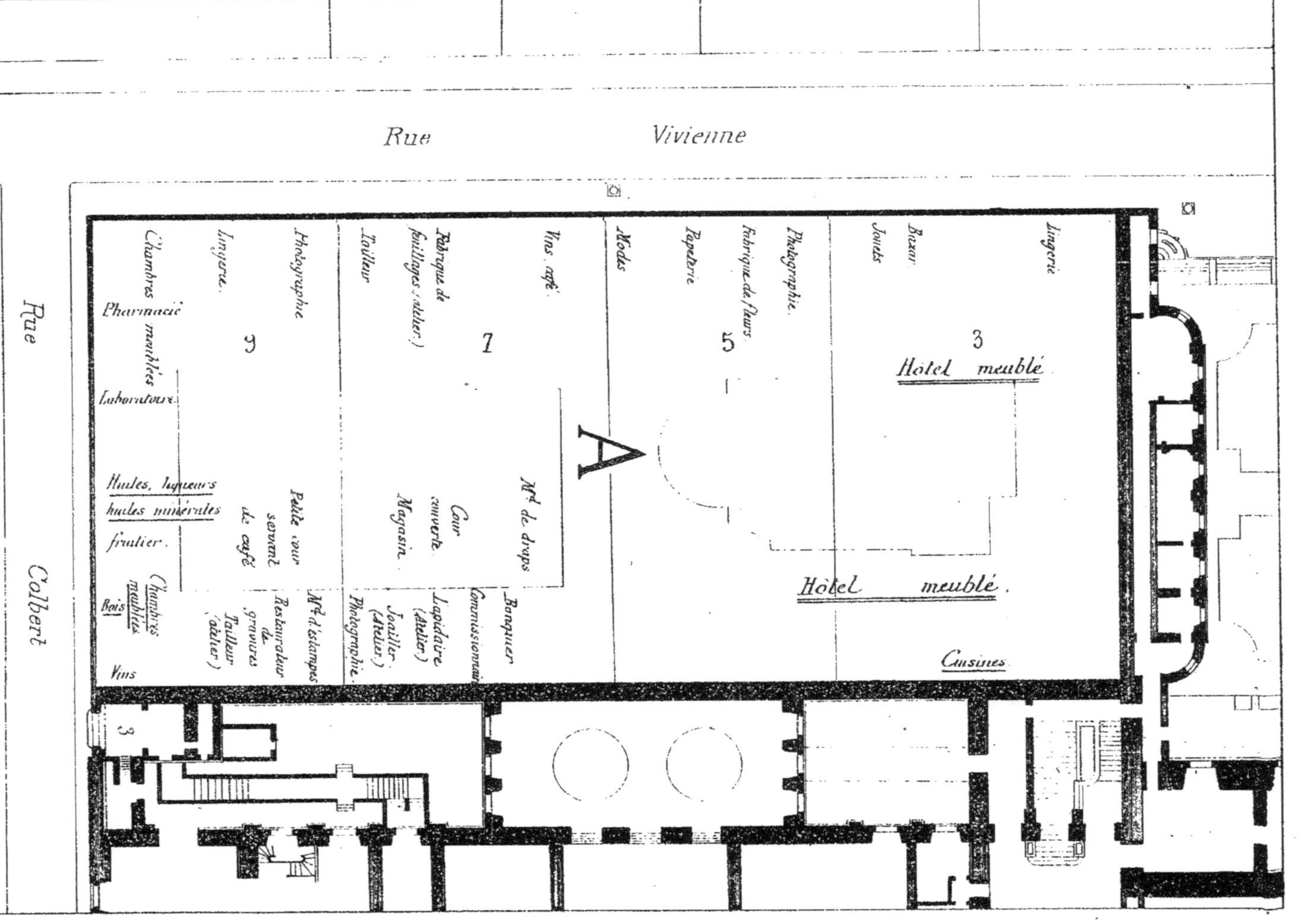

Rue   Vivienne
Rue
Colbert
Lingerie
Bazar
Jouets
3
Hôtel meublé
Photographie
Fabrique de fleurs
Papeterie
5
Hôtel meublé
Modes
Vins café
Tailleur
Fabrique de
feuillages (atelier)
Photographie
Lingerie
7
9
Chambres meublées
Pharmacie
Laboratoire
Md de draps
A
Cour
couverte
Magasin
Banquier
Commissionnaire
Lapidaire
(Atelier)
Joaillier
(atelier)
Photographie
Cuisines
Huiles, liqueurs
huiles minérales
fruitier
Chambres
meublées
Bois
Vins
Petite cour
servant
de café
Md d'estampes
Restaurateur
de
gravures
Tailleur
(atelier)
3

tirer parti des moindres espaces. On a multiplié les étages et les escaliers factices dans la hauteur des salles; on a multiplié les rayons et les tablettes par les combinaisons les plus pratiques. Mais on a beau être ingénieux, les ressources s'épuisent; à cette heure, on est à bout de tous les procédés efficaces; on touche l'infranchissable borne; force sera bien de s'abstenir, malgré les besoins les plus pressants, malgré une bonne volonté qui se trouve réduite à l'impuissance.

Comme le département des imprimés devait être nécessairement le plus vaste de tous, c'est sur celui-là que les autres ont toujours empiété. Les estampes, les médailles l'ont envahi au rez-de-chaussée et au premier étage, ne pouvant plus tenir elles-mêmes dans leur local trop restreint. Par une conséquence inévitable, le service intérieur, qui devrait être fait avec les plus grandes facilités de mouvement, afin d'être le plus expéditif possible, est devenu excessivement difficile, par suite de communications de plus en plus rétrécies, d'escaliers de plus en plus étroits et raides, où les personnes les plus exercées peuvent se blesser dans des faux pas, et endommager dans leurs chutes les ouvrages quelquefois très-pesants qu'elles portent en mains. Toutes ces dispositions, qu'on a été obligé d'improviser au fur et à mesure, ne présentent aucun ensemble ni aucune symétrie. Les architectes les plus capables n'ont pu corriger ces défauts; et dans bien des détails, l'établissement n'offre pas l'ampleur et la dignité que comporte un édifice national destiné à un si noble usage.

Un autre inconvénient plus fâcheux encore, c'est que toutes ces installations ne peuvent être que provisoires; elles sont peu commodes, et elles n'en sont pas moins coûteuses. Depuis vingt ou vingt-cinq ans, on y a consacré plus de 2 millions de francs; dans l'année qui vient de s'écouler, en 1877, cette dépense est montée à 80,000 francs. Il faut ajouter que ces déménagements répétés nuisent beaucoup aux livres ou aux documents qui doivent les subir; quelque soin qu'on y mette, quelques précautions que l'on prenne, les dommages sont nombreux, parfois même assez graves; on les répare; mais le bon ordre voudrait qu'on n'eût point à les réparer. Puis, quelle désorganisation ne jette pas dans les classifications et dans les rangements matériels cette continuelle mobilité ! Quels retards ne cause-t-elle pas dans toutes les recherches !

Si encore au prix de toutes ces dépenses, de toutes ces gênes intérieures, de tous ces embarras, on obtenait un résultat convenable, si tous les services étaient suffisamment pourvus d'espace et de lumière, on pourrait se résigner, tout en souffrant beaucoup. Mais il n'en est rien; et vous avez pu le voir de vos propres yeux, Monsieur le Ministre, comme nous venons de le voir aussi. Les estampes sont rangées en grande partie dans un couloir très-sombre, où, même par les plus beaux jours, il est impossible de lire les titres et les numéros des volumes qu'on doit déplacer pour les personnes qui les attendent. Un grand quart des cartes géographiques sont empilées au lieu d'être mises de champ; et par conséquent elles sont d'un usage très-pénible, quoique l'étude de la géographie entre de plus en plus dans le goût du public. L'assemblage de la grande carte de France, qui avait produit tant d'effet à l'Exposition internationale de 1875, et qui a été donné à la Bibliothèque, ne peut y figurer faute de place, et on a dû reléguer cette carte dans les combles, où l'on ne peut pas même l'étaler.

C'est dans les combles aussi qu'on a dû transporter plus de la moitié des manuscrits, chassés du local qu'ils avaient longtemps occupé. Dans cette partie supérieure des bâtiments, les manuscrits sont exposés à des variations de température dangereuses. Dilatés et desséchés sous les chaleurs de l'été, condensés par le froid, atteints par l'humidité, quoi qu'on fasse pour les garantir, les matériaux dont ils sont formés subissent des altérations très-nuisibles à leur durée. Nous avons même remarqué que les fenêtres de ces combles ne sont garnis ni de rideaux ni de stores, et que les préservatifs de ce genre, qui d'ailleurs seraient bien insuffisants, font défaut. Les manuscrits ornés de miniatures du moyen âge devraient être mis à plat, pour ménager les superbes dessins qu'ils contiennent. Sur des milliers de manuscrits qui sont dans ce cas, c'est à peine si une cinquantaine ont pu recevoir cette disposition conservatrice, parce qu'elle exige trop d'espace. Quant aux monuments épigraphiques qui en exigent encore bien davantage, puisqu'ils sont tracés en général sur des matières plus ou moins encombrantes, on n'a pu les déposer que dans des coins obscurs, où ils sont presque inabordables et stériles. C'est pourtant à la Bibliothèque nationale que les documents de l'épigraphie, si profitables à l'histoire, doivent trouver place, non loin des livres qui les expliquent, et qu'à leur tour ils confirment. Dans l'état fruste où le temps les réduit, la plus éclatante lumière ne serait pas de trop pour faciliter les déchiffrements et des constatations minutieusement délicates. Mais la lumière suppose l'espace, qui ne s'élargit pas plus pour l'épigraphie que pour tout le reste.

Voilà bien des inconvénients très-regrettables; mais le moins tolérable de tous encore, c'est la situation faite au public qui, avec une assiduité de plus en plus ardente, fréquente la Bibliothèque nationale. C'est pour le public que l'établissement tout entier est fait; c'est le public qui le paye, et qui doit pouvoir s'en servir en tout temps, pour ses études de toute sorte ou même pour sa curiosité; c'est pour lui que tout doit y être disposé. Mais nous avons le regret de le déclarer: dans les conditions où est la Bibliothèque nationale, le public n'y est pas traité comme il convient qu'il le soit. Il n'y jouit d'aucune des commodités qu'il devrait y trouver, heureux même parfois quand il n'en est pas forcément exclu.

Des six salles où le public est reçu, il n'y a que la première salle, dite du Travail, au rez-de-chaussée, qui soit définitive, celle où l'on a l'autorisation de travailler après avoir rempli quelques formalités, du reste très-simples. Elle a été construite en 1868, par M. Labrouste. La seconde salle des imprimés, qui est la salle publique par excellence, celle où l'on entre sans aucune justification, et qui est ouverte même le dimanche, en faveur des ouvriers et de toutes les personnes qui n'ont qu'un loisir hebdomadaire, cette salle est au premier étage, et elle est infiniment trop petite. Toujours encombrée, elle est très-loin de répondre à la passion studieuse de la foule qui s'y presse. Un coup d'œil, qui y serait jeté par hasard, suffit pour y faire voir le plus souvent toutes les chaises, tous les bancs occupés, des lecteurs réduits à s'asseoir par terre parce qu'il n'y a plus de siéges, d'autres réfugiés debout dans l'ébrasement des croisées, d'autres montés sur des échelles, tandis que d'autres, encore moins favorisés, doivent faire queue dans la rue, quelque saison qu'il fasse, pour attendre qu'une place devienne vacante, et pour s'en saisir en toute hâte.

La salle des manuscrits, où la circulation devrait être encore plus aisée pour que la surveillance y fût plus complète, ne peut plus contenir le nombre toujours croissant des savants et des philologues que leurs travaux y appellent. La salle de géographie, outre qu'elle est très-obscure, ne dispose que de cinq places, détail à peine croyable, pour les lecteurs, qui ne pourraient pas y être six à la fois. Les atlas qu'elle renferme sont éloignés à plus de 150 mètres de distance des ouvrages qui en sont le complément, sans qu'il ait été possible d'établir entre les cartes et les livres qui se contrôlent mutuellement une communication directe. Dans la salle des estampes, il a fallu réduire, en faveur du public, la place des employés de service, qui ont à peine l'espace indispensable pour s'asseoir et pour écrire.

En dépit de tous ces obstacles, la Bibliothèque nationale a reçu, en 1875, 102,654 lecteurs; en 1876, elle en a reçu 106,437, et en 1877, 114,344. La moyenne annuelle des communications est de 260,000 environ. En 1876, il y a eu près de 15,000 communications pour les manuscrits seulement.

Devant tant de faits indéniables, devant ce danger de tous les instants de jour et de nuit, devant ces embarras et ces encombrements arrivés au terme extrême, la conclusion s'impose d'elle-même; et elle s'impose si manifestement que nous croirions affaiblir la démonstration en y insistant. L'acquisition des immeubles attenant à la Bibliothèque, en lui rendant la sécurité qu'elle n'a pas, ajouterait 2,650 mètres de surface, c'est-à-dire un sixième en sus, aux 14,501 mètres dont elle dispose maintenant. Cette addition aurait pour double résultat de conjurer le danger présent, et d'assurer pour longtemps à la Bibliothèque l'espace qu'il lui faut. Un siècle s'écoulerait peut-être avant qu'on ne dût recourir à de nouveaux remaniements. Nos descendants auraient à pourvoir alors à des exigences qui ne manqueront pas plus dans l'avenir qu'elles ne manquent de notre temps.

Ici, nous le savons, Monsieur le Ministre, s'élève une objection que tout le monde pressent. Mais, dit-on, la dépense sera considérable! Nous en convenons sans difficulté. Et d'abord, pour ne rien exagérer et savoir au vrai jusqu'où va cette dépense, il faut se demander quel en est précisément le chiffre. Fixer ce chiffre d'une manière exacte n'est pas de notre compétence; c'est M. l'architecte de la Bibliothèque nationale, c'est M. l'inspecteur des Domaines qui pourront vous fournir, Monsieur le Ministre, les indications les plus probables et vous dire ce que coûteront les expropriations des terrains et des maisons, les indemnités aux locataires évincés, et plus tard les constructions nouvelles, quand le moment paraîtra venu de les commencer. Il ne nous appartient pas d'analyser les éléments dans lesquels cette somme totale se décompose, ni de présumer dans quelle proportion elle sera atténuée par la vente du bâtiment situé de l'autre côté de la rue Colbert et devenu désormais inutile. Mais lorsque, vous associant à l'éloquente réclamation de M. É. Lockroy, dans la séance du 13 février dernier, vous avez bien voulu déclarer que toute votre sollicitude était acquise à cette question, vous avez ajouté que vous concerteriez le projet de loi annoncé par vous à la Chambre des Députés avec vos honorables collègues, M. le Ministre des travaux publics et M. le Ministre des finances. Ce sont eux et vous que regardent spécialement les moyens d'exécution. Pour notre part, nous ne pouvons que vous soumettre sur ce point quelques considérations qui nous semblent mériter une attention particulière.

La question traitée dans le présent rapport a été soulevée dès 1822, et voilà plus d'un demi-siècle qu'on parle d'acquérir les immeubles et d'agrandir la Bibliothèque. Plus on tarde, plus les maisons à exproprier prennent de valeur. Le prix de toutes choses tend sans cesse à augmenter; le prix des terrains à Paris ne fait pas exception à cette règle. En 1838, il y a quarante ans, Visconti, architecte de la Bibliothèque, estimait les quatre immeubles réunis à 8 ou 900,000 francs. En 1846, huit ans après, la Direction des bâtiments civils faisait dresser une estimation officielle, dont elle doit avoir encore tous les détails dans ses archives. Nous ne savons pas à quel chiffre se montait l'évaluation de cette dernière époque; mais nous pouvons être sûrs qu'elle dépassait déjà celle de 1838, de même qu'elle doit être fort au-dessous du devis approximatif qui nous serait communiqué aujourd'hui. Ce serait donc une opération bien entendue et une mesure de sage administration d'abréger le délai le plus qu'on pourra, et de conclure sur-le-champ un achat qui est indispensable, et qui certainement doit devenir de plus en plus onéreux.

La Commission se prononce à l'unanimité pour que cet achat, quand il aura lieu, soit fait en bloc et non pas successivement. L'État acquerrait les quatre immeubles à la fois. Les raisons qui recommandent ce mode d'opérer sont péremptoires. Le danger d'incendie serait toujours à bien peu près le même si, au lieu de quatre, les immeubles étaient trois, deux ou un. Du moment qu'ils restent contigus à la Bibliothèque, ils la menacent du feu. Une fois les immeubles acquis, il faudrait les raser et procéder le plus tôt qu'il se pourrait aux constructions que réclament impérieusement tous les départements de la Bibliothèque. Ils seraient alors rendus indépendants les uns des autres; chacun d'eux aurait l'espace qui lui est nécessaire, et jouirait de son domaine distinct et continu, sans ces interruptions et ces enchevêtrements qui les disloquent, au grand désavantage du service et du public. Les constructions nouvelles seraient conçues dans une pensée systématique et réaliseraient un plan général où tout serait coordonné et définitif. Avec des acquisitions partielles et successives, on courrait risque de retomber dans l'expédient de ces installations provisoires qui coûtent toujours beaucoup plus qu'elles ne rapportent. On comprend que l'exiguïté des lieux les ait rendues naguère inévitables; désormais on s'en passerait, quand les locaux seraient suffisamment agrandis et quand l'ordre aurait été rétabli partout.

En deux mots, achat des immeubles, constructions qui doivent les remplacer, voilà, Monsieur le Ministre, ce que la Commission a l'honneur de vous proposer. Elle ne se dissimule pas que c'est demander un sacrifice de plus à notre budget, qui a des charges déjà très-lourdes ; mais nous n'hésitons pas à le proclamer bien haut : dans toutes les dépenses publiques, de quelque genre qu'elles soient, il n'y a pas une allocation qui soit plus justifiée que celle-là, non pas seulement parce qu'elle peut prévenir de grands maux, mais encore parce qu'elle doit produire un bien immense.

Dans l'adhésion que vous avez donnée à la pensée de l'amendement de M. Lockroy, le premier souvenir que vous avez évoqué, c'est celui de la bibliothèque d'Alexandrie, souvenir qui se présente en effet à toutes les mémoires. Après tant de siècles, l'incendie de la grande bibliothèque des Ptolémées excite des regrets toujours aussi vifs ; c'est une des calamités les plus douloureuses qu'aient éprouvées l'intelligence humaine et la civilisation. Prenons bien garde d'ajouter une seconde page à cette lugubre histoire ; faisons en sorte que notre prudence nous épargne une si triste responsabilité.

Enfin, Monsieur le Ministre, nous ne doutons pas que la Chambre des Députés, qui se montre si généreuse et si bienveillante pour tout ce qui concerne l'instruction publique, n'accueille avec le même esprit de libéralité le projet de loi que vous vous êtes engagé à lui soumettre. De concert avec vous, qui jouissez auprès d'elle d'une faveur et d'une autorité si complètes et si justes, elle voudra préserver et agrandir la Bibliothèque nationale. Vous avez vu avec quelle sympathie elle a reçu vos promesses ; de sa part, c'est là aussi une espèce d'engagement, auquel les pouvoirs publics s'associeront et feront honneur.

Nous nous assurons donc, Monsieur le Ministre, que le moment est très-favorable ; il convient de le saisir après une si longue attente, et c'est dans cette pensée que nous nous sommes hâtés de remplir la mission dont vous avez bien voulu nous charger.

Le Président de la Commission, rapporteur,
BARTHÉLEMY SAINT-HILAIRE.

Paris, le 8 mai 1878.

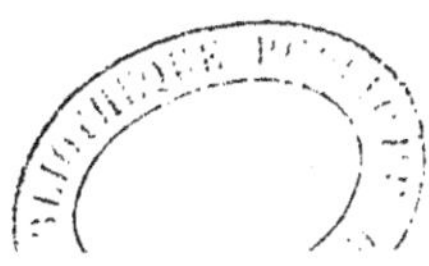

www.ingramcontent.com/pod-product-compliance
Lightning Source LLC
Chambersburg PA
CBHW061622050726
47595CB00007B/3030